# mãe.

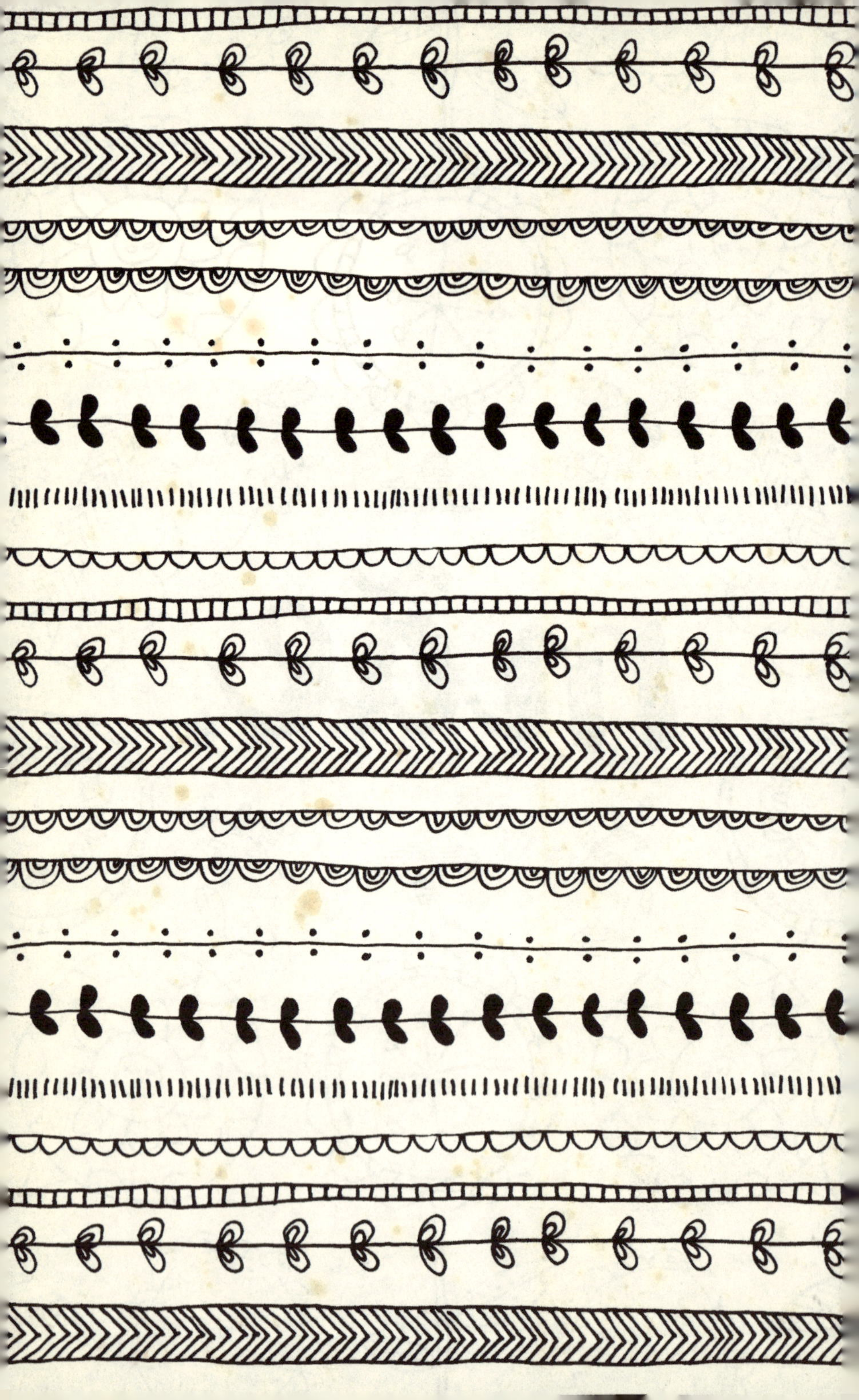

SIBELLE PEDRAL * ANA ASTIZ

# mãe

Casa da Palavra

Este livro foi revisado segundo o novo
Acordo Ortográfico da Língua Portuguesa.

PROJETO EDITORIAL
Aline Freitas Pinto

REVISÃO
Beatriz de Freitas e Breno Barreto

PROJETO GRÁFICO E ILUSTRAÇÕES
Fernanda Mello

FONTE DA PESQUISA DA PÁGINA 16 E 17: SITE BABYCENTER BRASIL

CIP-BRASIL. CATALOGAÇÃO-NA-FONTE
SINDICATO NACIONAL DOS EDITORES DE LIVROS, RJ

P397m
Pedral, Sibelle
Mãe : de... para... / Sibelle Pedral, Ana Astiz ; ilustração Fernanda Mello. - 1. ed. - Rio de Janeiro : Casa da Palavra, 2015.
144 p. : il. ; 21 cm.

ISBN 978-85-7734-546-5

1. Anedotas. 2. Humorismo brasileiro. I. Astiz, Ana. II. Mello, Fernanda. III. Título.

15-21087 CDD: 869.97
CDU: 821.134.3(81)-7

**CASA DA PALAVRA PRODUÇÃO EDITORIAL**
Av. Calógeras, 6, 701 · Rio de Janeiro
21.2222-3167 21.2224-7461
editorial@casadapalavra.com.br
www.casadapalavra.com.br

Querida ____________________

Este livro é para você porque

______________________________
______________________________
______________________________
______________________________
______________________________
______________________________
______________________________
______________________________
______________________________
______________________________
______________________________
______________________________
______________________________
______________________________

com carinho,

____________________

# ins
# tru
# ções

Este livro foi idealizado para mulheres que se encantaram com a experiência da maternidade, como nós. Para preenchê-lo, podem contar com a ajuda dos filhos, do pai dos filhos, das amigas, da mãe. O importante – na verdade, a razão de existir deste livro – é reviver ou trazer à tona os sentimentos que nascem quando se dá à luz uma vida, e que vão se modificando com o tempo e as experiências.

Você vai precisar de:

* fotos
* canetas coloridas
* lápis de cor
* cola
* tesoura
* borrifador de água
* boa memória
* alguma paciência
* muito amor

Quando terminar, você pode guardar sua edição customizada em um lugar seguro até ter vontade de oferecê-la como um presente às suas filhas quando elas próprias forem mães. Ou aos seus filhos quando eles forem pais (para terem outro olhar sobre a mãe dos filhos deles). Ou pode folheá-la de vez em quando e resgatar memórias e reflexões de outro tempo, e até fazer novas anotações. Aí é com você!

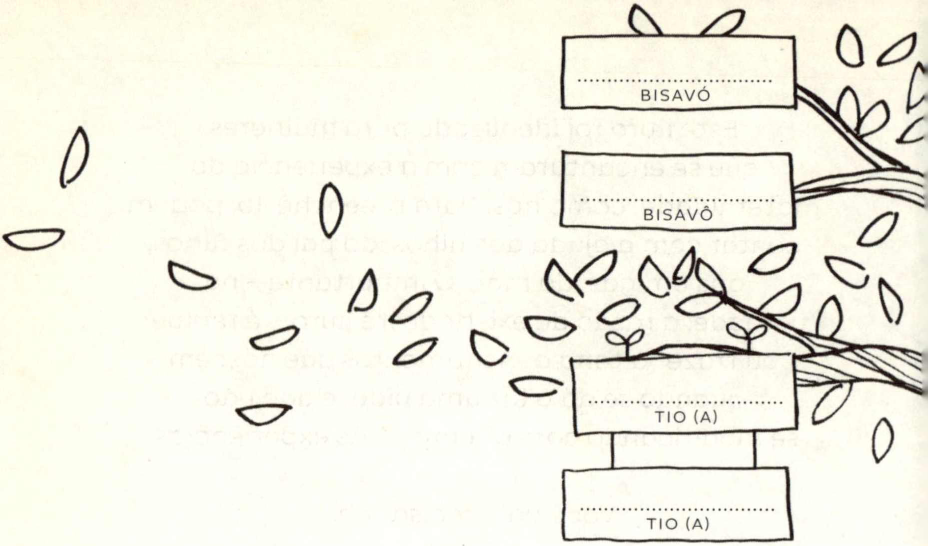


# árvore genealógica

Escreva o nome dos membros da família, no mínimo até três gerações. Você se lembra de alguma característica marcante de algumas dessas pessoas? Por exemplo: o avô que adorava dançar tango, a tia que fazia o melhor sagu do universo... Anote, desenhe!

Dê vida longa a essas memórias tão gostosas. Se não for por você, talvez seus filhos não tenham como saber sobre a existência desses antepassados.

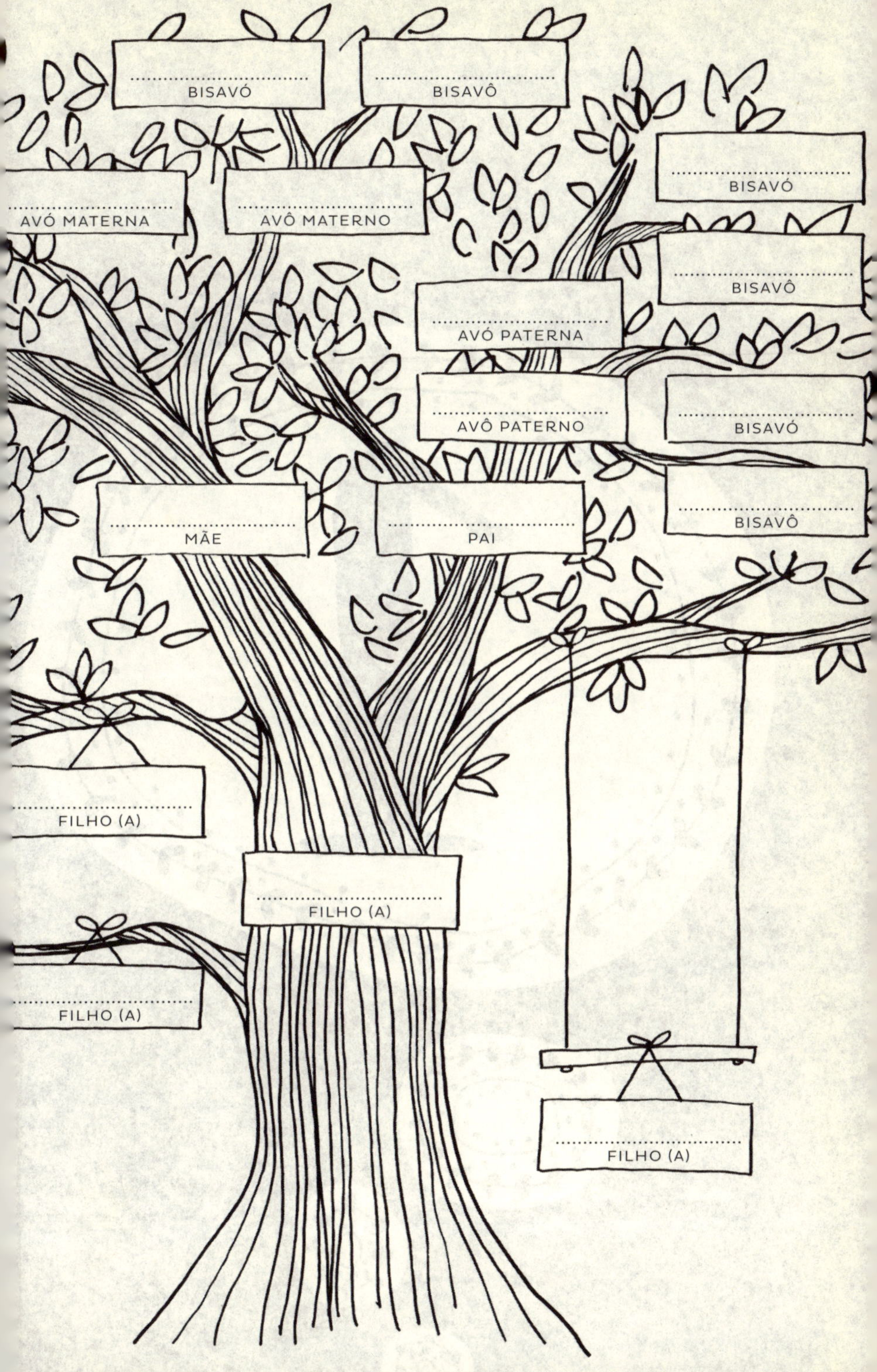
BISAVÓ
BISAVÔ
AVÓ MATERNA
AVÔ MATERNO
BISAVÓ
BISAVÔ
AVÓ PATERNA
AVÔ PATERNO
BISAVÓ
BISAVÔ
MÃE
PAI
FILHO (A)
FILHO (A)
FILHO (A)
FILHO (A)

# 1

# primeira vez

Você se lembra do momento em que desejou ser mãe pela primeira vez? Ou, mesmo que tenha sido surpreendida pela gravidez, lembra-se do instante em que essa descoberta fez você sentir aquele primeiro "uau!" de alegria? Quem estava por perto? Foi um pensamento íntimo ou você partilhou com alguém? Feche os olhos e relembre. Registre tudo. Não perca nada!

# descoberta

TEM ALGUÉM AQUI!

Desenhe a sua expressão quando soube da gravidez. Pode ser de perplexidade. A gente entende. (E, principalmente, a gente sabe que isso foi mudando à medida que o bebê crescia.)

Assinale uma alternativa
(pode escrever alguma outra lembrança do lado,
afinal, este livro é para a posteridade!).

VOCÊ DESCOBRIU QUE ESTAVA GRÁVIDA PORQUE...

a. Alguém comentou que você tinha engordado um pouquinho...

b. Sua menstruação atrasou.

c. De repente você deixou de se sentir sozinha mesmo quando não tinha mais ninguém ao seu redor.

d. Não podia ver um pote de açaí sem sair correndo para "devolver" a última refeição.

e. Todas as alternativas acima.

E PRA TER CERTEZA?

a. Foi um teste de farmácia?

b. Foi um Beta HCG (aquele hormônio que cintila no seu sangue e dá a maior bandeira de que o corpo está começando a produzir outra pessoa)?

c. Foi uma vidente?

d. Outra fonte:

# menino ou menina?

TODO MUNDO DIZIA:
"O QUE IMPORTA É QUE VENHA COM SAÚDE."
MAS VOCÊ TORCIA POR:

# e como vai se chamar?

Se um destes era desde sempre a sua ideia fixa, circule.

MENINOS

Miguel
Davi
Arthur
Pedro
Gabriel
Bernardo
Lucas
Matheus
Rafael
Heitor
Enzo
Guilherme
Nicolas
Lorenzo
Gustavo
Felipe
Samuel
João Pedro
Daniel
Vitor
Leonardo
Henrique
Theo
Murilo
Eduardo
Pedro Henrique
Pietro
Cauã
Isaac
Caio
Vinicius
Benjamin
João
Lucca
João Miguel
Bryan
Joaquim
João Vitor
Thiago
Antônio
Davi Lucas
Francisco
Enzo Gabriel
Bruno
Emanuel
João Gabriel
Ian
Davi Luiz
Rodrigo
Otávio

## MENINAS

Sophia
Alice
Julia
Isabella
Manuela
Laura
Luiza
Valentina
Giovanna
Maria Eduarda
Helena
Beatriz
Maria Luiza
Lara
Mariana
Nicole
Rafaela
Heloísa
Isadora
Lívia
Maria Clara
Ana Clara
Lorena
Gabriela
Yasmin

Isabelly
Sarah
Ana Julia
Letícia
Ana Luiza
Melissa
Marina
Clara
Cecília
Esther
Emanuelly
Rebeca
Ana Beatriz
Lavínia
Vitória
Bianca
Catarina
Larissa
Maria Fernanda
Fernanda
Amanda
Alícia
Carolina
Agatha
Gabrielly

# por favor, não me conte!

HOJE EM DIA, MUITA GENTE
PREFERE NÃO SABER O SEXO DA CRIANÇA
ATÉ O MOMENTO DO NASCIMENTO.

Ok, o quarto vai ficar neutro,
as roupinhas são de tons pastel...
Mas quem viveu essa experiência garante
que a surpresa é maravilhosa.

Quando você descobriu?

O que você sentiu?

Como foi?

# "causos"

QUASE TODO MUNDO
TEM UMA HISTÓRIA PRA CONTAR DIANTE
DE UMA BARRIGA DE GRÁVIDA.

Qual foi a história mais louca que você ouviu?

A mais terna?

E a mais divertida?

Como você reagia quando te diziam:

Posso pôr a mão?

Já sabe o sexo?

Já sabe o signo?

Tomara que puxe à mãe/Tomara que puxe ao pai...

# sua família tem histórias antológicas de nascimentos?

TIPO: A AVÓ QUE TEVE 11 PARTOS NORMAIS; O BEBÊ QUE NASCEU COM 1 DENTINHO; A MÃE QUE DEU À LUZ NO TÁXI?

Use o espaço abaixo para registrar para sempre as memórias mais encantadoras (ou mais malucas) da sua família.

# é a cara do pai!

GRAVIDEZ SEGURA TEM NO MÍNIMO QUATRO ULTRASSONS.

Mas fala a verdade: se você pudesse teria feito um por dia, não é? Cada ultrassom era como uma "visitinha" ao bebê!

Tente se lembrar das grandes descobertas dos ultrassons mais marcantes da sua gestação. Por exemplo, quando você escutou pela primeira vez o coraçãozinho dele batendo!

1.

2.

3.

4.

COLE AQUI AS MINIATURAS
DOS SEUS ULTRASSONS

# mexeu!

EM ALGUM MOMENTO A PARTIR DO QUARTO MÊS, DEPENDENDO DA SENSIBILIDADE DE CADA MULHER, A GENTE SENTE UMAS BORBOLETINHAS NA BARRIGA QUE, SIM!, SÃO ELE, O BEBÊ, EM MOVIMENTO.

Pinte esta página com as cores dos seus sentimentos quando o bebê mexeu.
Se o "bebê" estiver do seu lado, peça a ele ou a ela para pintar também, tentando imaginar a emoção daquele momento.

# você, a primeira DJ do bebê

SUA GRAVIDEZ TEVE TRILHA SONORA?

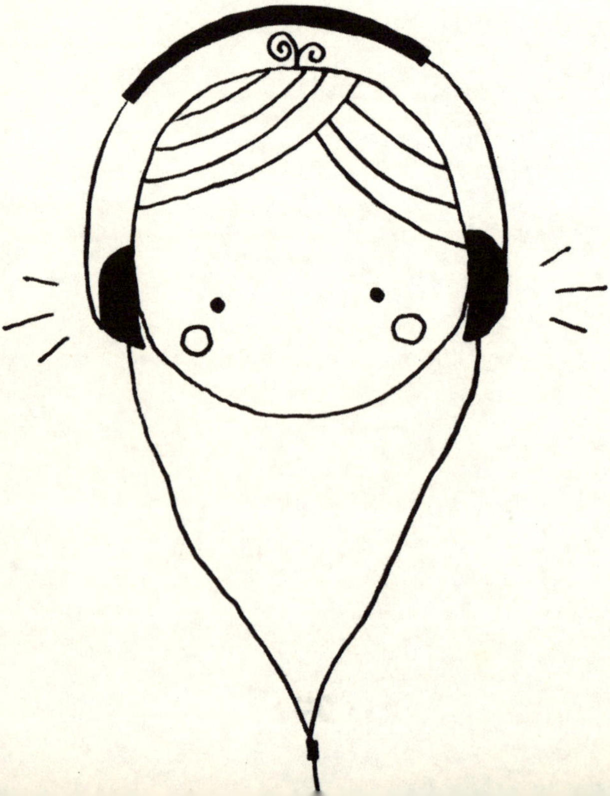

Escreva aqui os títulos das cinco canções que você associa ao seu barrigão e aos movimentos do seu bebê.

1. ________________________

2. ________________________

3. ________________________

4. ________________________

5. ________________________

# a bolsa estourou!

BORRIFE ESTA PÁGINA COM ÁGUA
E DEIXE SECANDO ATÉ AMANHÃ.
TENTE REVIVER ESSE MOMENTO CONTANDO
PARA OS SEUS FILHOS COMO FOI.

VOCÊ TEM UMA FOTO DO MOMENTO EM QUE FOI PARA A MATERNIDADE?

Ou da malinha que preparou para o bebê?
Cole aqui e escreva o que
sentiu na hora em que a foto foi tirada.

# normal ou cesárea?

QUERIA NORMAL E FOI CESÁREA?
QUERIA CESÁREA E O BEBÊ SE PRECIPITOU?

Não faz mal! O melhor parto é aquele que é mais seguro para a mãe e o bebê. Ponto.

COLE AQUI UMA FOTO
DESSE MOMENTO QUE NENHUMA
MULHER ESQUECE. JAMAIS.

# ops, a família é maior?

COLE IMAGENS DOS OUTROS PARTOS AQUI, Ó:

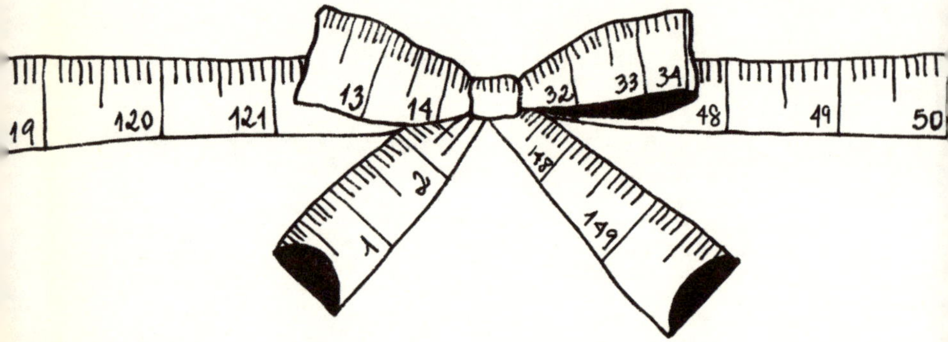

# quem lembra?

QUIZ EM FAMÍLIA:
REÚNA SEUS FILHOS E O PAI DELES
E CONFIRAM QUEM SE LEMBRA
DO DIA DO NASCIMENTO,
DO PESO E DA ALTURA DE CADA BEBÊ.

Quem acertar mais informações ganha declarações de amor dos outros. Feito?

## FILHO Nº 1

Nasceu em ____________________

Pesando ____________________

E medindo ____________________

## FILHO Nº 2

Nasceu em ____________________

Pesando ____________________

E medindo ____________________

## FILHO Nº 3

Nasceu em ____________________

Pesando ____________________

E medindo ____________________

## FILHO Nº 4

Nasceu em ____________________

Pesando ____________________

E medindo ____________________

Se tiver mais filhos, anote em uma página avulsa,
dobre e guarde bem aqui!

Vale colar fotinhos da turma!

# primeira impressão

DESENHE OS TRAÇOS DO SEU PRIMEIRO BEBÊ E DEPOIS COMPARE COM A FOTO DELE NA PÁGINA ANTERIOR.

Guardou um cachinho?
Cole nesta página, bem no topo da cabeça,
à la moicano!

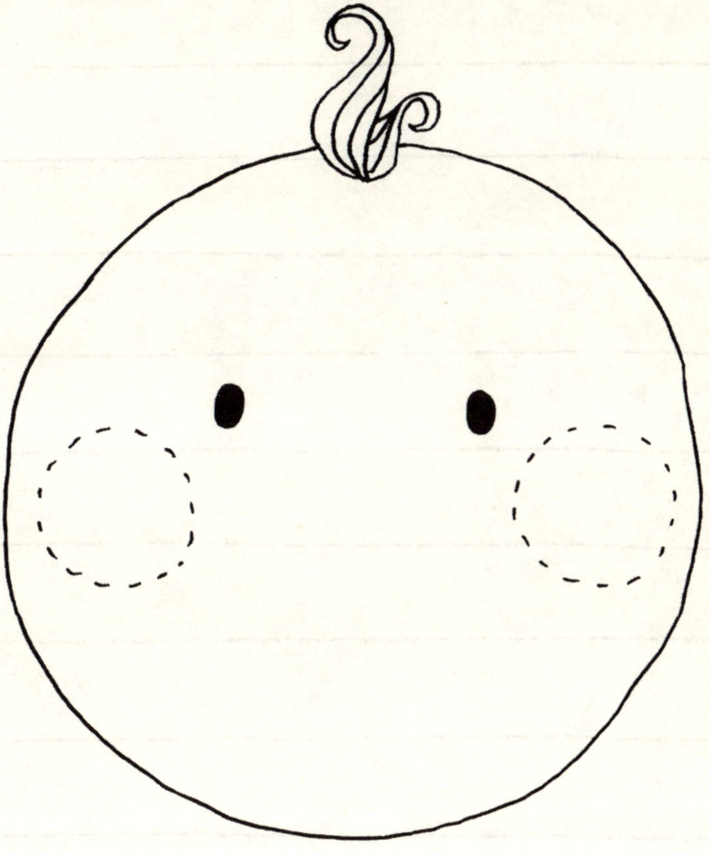

# nada será como antes.

DEPOIS QUE A GENTE TEM FILHO
NADA MAIS É COMO ANTES.

Escreva dez coisas que mudaram para sempre na sua vida.

1. ______

2. ______

3. ______

4. ______

5. ______

6. ______

7. ______

8. ______

9. ______

10. ______

Você lembra quando sentiu

# AMOR

pelo seu filho pela primeira vez?
Escreva aqui:

# maiores medos

A GENTE AMA TANTO AQUELES PEQUENININHOS, MAS TANTO, TANTO, QUE TODO DIA NASCE UM MEDO NOVO. MARQUE OS QUE VOCÊ TEVE, E SEJA BEM-VINDA AO CLUBE MAIS ESPETACULAR DO MUNDO!

Também é hora de relembrar como superou cada um deles. Pronta para esse mergulho? Foi quando...

- [ ] Cheguei em casa com o bebê recém-nascido e me vi sozinha com ele pela primeira vez.

- [ ] Percebi que era a pessoa mais importante do mundo para ele.

- [ ] Percebi que tinha deixado de ser a pessoa mais importante do mundo para ele (esse ainda pode demorar).

- [ ] Ele ficou sozinho pela primeira vez na escolinha.

- [ ] Ele entrou na escolinha sem olhar para trás pela primeira vez.

- [ ] Ele dormiu pela primeira vez na casa do amigo.

- [ ] Ele sentiu uma dor que eu não podia curar.

- [ ] A namorada/o namorado deu um fora e eu não podia consertar.

- [ ] Ele foi para a primeira balada com os amigos.

- [ ] Ele foi para a primeira balada com os amigos... de carro.

- [ ] Ele teve o próprio filho e conquistou o direito a ter os próprios medos.

Se tiver outros medos bem guardados no coração, recorte uma das páginas em branco no fim do livro e encarte aqui. (Pode ser uma boa oportunidade para pedir um colinho para sua mãe!)

# grandes momentos

MOMENTOS QUE EU VIVI,
MOMENTOS QUE EU PERDI.

Você estava por perto quando seu filho:

- [ ] Tomou a primeira vacina?
(Aliás, quem chorou mais nesse dia – ele ou você?)
- [ ] Ganhou o primeiro dentinho?
- [ ] Perdeu o primeiro dentinho?
- [ ] Descobriu que existe no mundo uma coisa deliciosa chamada fruta, que por sua vez tem vários tipos, cores e sabores?
- [ ] Ficou sentado/sentada sem tombar como um boneco de borracha?
- [ ] Teve a primeira febre?
- [ ] Engatinhou pela primeira vez?
- [ ] Deu os primeiros passos?
- [ ] Falou a primeira palavra inteligível? (Qual foi?)
- [ ] Entrou na escola feliz da vida, sem olhar pra trás?
- [ ] Mordeu/brigou com o melhor amigo?

Tem prova fotográfica da sua presença em algum desses dias? Cole nesta página!

Se 🍀 estava lá sorte sua!!!

Se não estava, passe rapidinho para as próximas páginas e comece seu detox de...

cul
!pa

(com um sapato mais ou menos limpo, ok?) para mostrar seu desprezo por esse sentimento que tortura tantas mulheres.

# sai, culpa!

MOMENTO DE MEDITAR
UM POUCO SOBRE ELA,
A TERRÍVEL E INESCAPÁVEL...
CULPA!

Quando morri de peso na consciência...

Quando o peso na consciência passou mais rápido que na vez anterior...

Quando parei de ter peso na consciência...

Quando voltei a ter peso na consciência...

Quando entendi que não é isso que faz diferença na felicidade dele/dela.

Quando não pensei nesse assunto (a culpa) e tudo bem.

# os comentários impagáveis

TEM UMA HORA QUE ELES FALAM AQUELAS PÉROLAS INCRÍVEIS, NÃO TEM? VOCÊ CONTA E TODO MUNDO TE DIZ: "ANOTA, SENÃO VOCÊ ESQUECE!"

A gente acha que não vai esquecer, mas esquece, sim! E quem garante que dará para resgatar no Facebook? Então, corre e anota aqui as melhores, com o lugar e a data, ou pelo menos a idade da(o) geninha(o), se conseguir lembrar:

# amigos para sempre

TEM AMIGO QUE FICA TANTO NA SUA CASA
QUE JÁ VIROU DA FAMÍLIA, NÉ?
RELEMBRE AQUI QUEM SÃO/FORAM ELES, PARA
O CASO DE SEU FILHO ESQUECER UM DIA.

Lembrou de uma foto? Vai correndo buscar e cole aqui!
Anote o nome da(s) criança(s) e alguma referência para o caso de querer reencontrá-la(s) no futuro.

# ciúmes

QUANDO A GENTE VOLTA A TRABALHAR
DEPOIS DA LICENÇA-MATERNIDADE,
ALGUÉM TEM QUE FICAR COM A CRIANÇA.

Quando é a professora do berçário, tudo bem;
afinal, ela divide a atenção com outros bebês.
Mas... e quando é uma babá? Ou uma avó?
E aquela tia que nasceu pra mimar criança?
E quando é o pai? Não precisa esconder:
você, como 99,7% das mães, teve muito CIÚME.

Nossa ideia para desafogar essa ciumeira
(mesmo que seja retroativa):
tá vendo esse saco de areia aí do lado?
Dá um soco nele (simbólico, senão sua mão vai doer...).
E esquece o assunto, porque daqui a pouco
virão o hamster/gato/cachorro, o(a) melhor
amigo(a), o(a) namorado(a)...

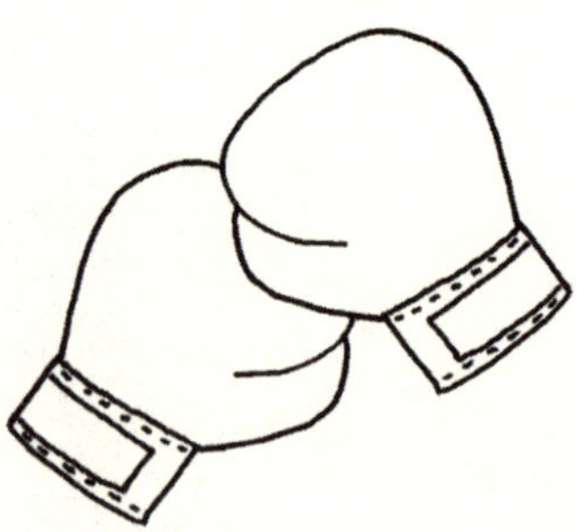

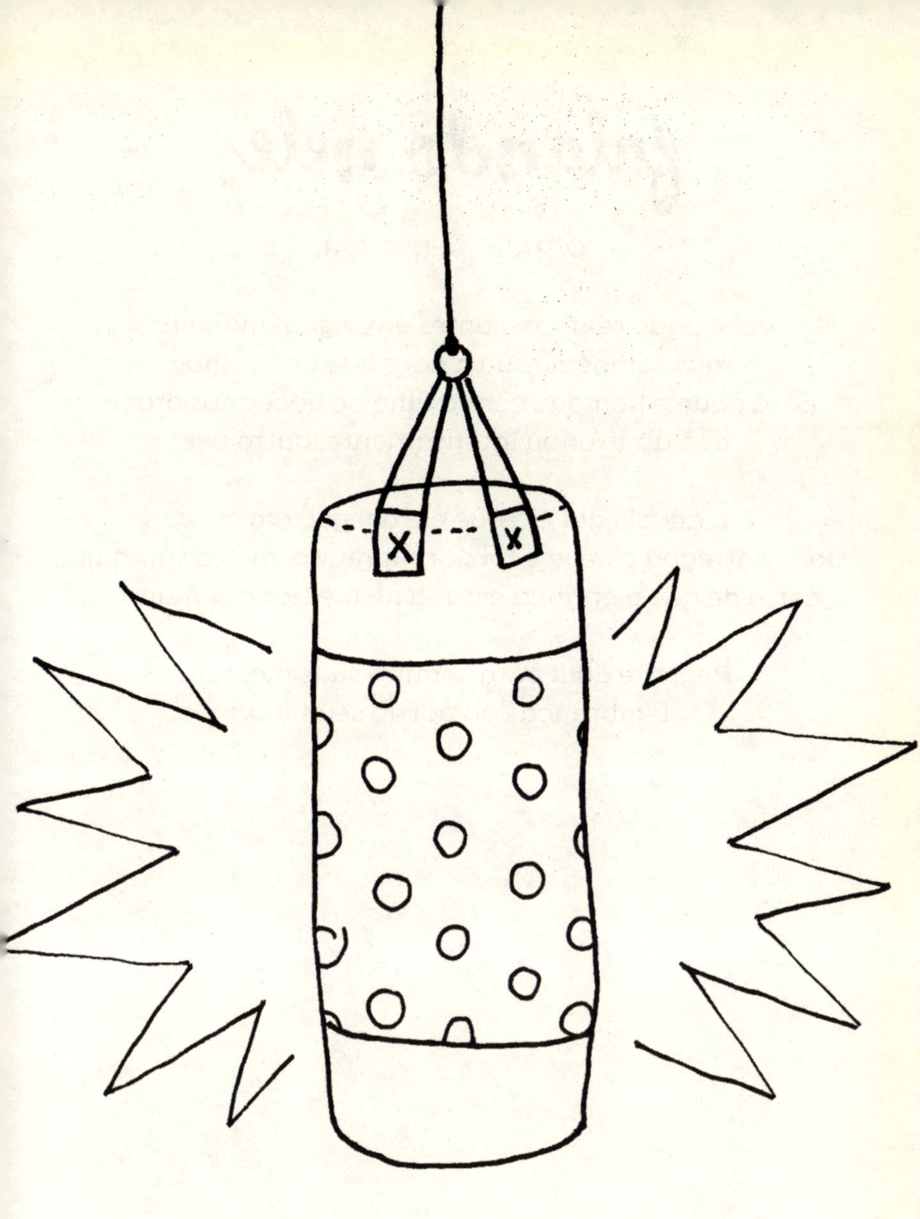

# falando nele.

O PAI... AH, O PAI.

Você pode ter tido ciúmes em algum momento,
mas também teve a hora que você olhou
para aquele homem, com o filho de vocês nos braços,
e se apaixonou intensamente, outra vez?

E aquele dia em que ele chegou em casa,
você entregou o bebê e foi dormir muito, muito tranquila,
certa de que a criança estava no melhor dos mundos?

Registre aqui para sempre suas melhores
lembranças do pai do seu filho.*

* Se não forem tão boas, inventa um pouquinho... Você e seu filho merecem ter boas lembranças do pai dele.

# comidinhas

NHAM NHAM NHAM!
Qual era/é mesmo a receita favorita do seu filho?
Ou tinha mais que uma?

Anota aqui pra um dia ele fazer também para os filhos dele. Lembra quando passou a ser a preferida? Anote! Se tiver foto, cole também!

TINHA ALGUM SEGREDO NO PREPARO? NÃO ESCONDA O JOGO. A IDEIA É QUE, QUANDO ELE FIZER, FIQUE IGUALZINHA!

# fantasia

MOMENTO MICO.
OU MOMENTO TERNURA.
VOCÊ E ELE DECIDEM.

Descole uma imagem do(s) seu(s) filho(s) com a fantasia mais divertida que foi usada no Carnaval.

# avós

QUANDO A GENTE TEM FILHO, ENTENDE UM MOOOONTE DE COISAS QUE NOSSAS MÃES DIZIAM.

E perdoamos – talvez porque, finalmente, cai a ficha de que elas queriam mesmo o melhor para nós, tanto quanto queremos o bem dos nossos pimpolhos. Entendeu agora por que ela vivia dizendo: "Leva o casaquinho"?

Escreva na página ao lado as atitudes da sua mãe que você entendeu (e, eventualmente, perdoou) depois de ter filho. Corte a página. Marque um encontro especialmente para entregá-la a ela, com um abraço bem apertado! Chore. Deixe vir!

# perguntas difíceis 1

OLHA SÓ O QUE VEM POR AÍ,
SE É QUE JÁ NÃO VEIO...

Papai Noel existe?

Pra onde a gente vai depois que morre?

Você vai morrer antes de mim?

A vaca sabe que vai morrer? (Antes de virar bife...)

A vida é longa?

Já que você não tem dinheiro,
pode pagar com cartão de crédito?

Quem é Deus?

Por que você e o papai estavam fazendo
barulhos estranhos no quarto?

Por que aquela criança estava pedindo dinheiro na rua?

Por que eu preciso aprender a escrever à mão?

Dá pra devolver esse irmãozinho para
o lugar de onde ele veio?

Onde eu estava antes de nascer?

Me dá um gole da sua cerveja?

Meu namorado/minha namorada pode dormir aqui hoje?

Posso sair com o seu carro?

# perguntas difíceis 2

AGORA ANOTE AQUI
AS PERGUNTAS
DIFÍCEIS DO SEU FILHO.

Não está lembrando?
A gente recomenda uma canção que é a coisa mais fofa: "Oito anos", da cantora carioca Paula Toller e de Dunga, com letra da própria Paula.

Ela escreveu essa música para o filho, que, entre outras perguntas, queria saber "por que as unhas crescem" e "do que é feita a nuvem".
Dá um jeitinho de escutar: você vai adorar.

1. ________________________________________

________________________________________

2. ________________________________________

________________________________________

3. ________________________________________

________________________________________

4.

5.

6.

7.

8.

9.

10.

# festa de aniversário

É PIQUE, É PIQUE!

Como são ou foram as festas de aniversário dele?
Faça aqui uma galeria de fotos:
com os amigos, com os avós, com você e o pai,
na hora de soprar as velinhas...
Anote suas lembranças, e depois peça para seu filho
escrever também! Sobrou algum convite?

Se tiver sido festa temática (Sítio do Picapau Amarelo, Pokemón — sim, eles resistiram por anos e anos —, as eternas princesas, Toy Story e outros), tente desenhar o tema ou peça para o seu filho fazer isso.

# leituras

MÃE, CONTA UMA HISTÓRIA?

Você contou? Qual? Cada idade é marcada por uma história... Consegue lembrar por que ele gostava tanto daquela, em especial?

E quando ele se deu conta de que tinha aprendido a ler – lembra com que livro foi?

# filmes

E JÁ QUE A GENTE EMBALOU NESSE MOMENTO CULTURA, ESCREVA OS NOMES DOS MELHORES FILMES QUE VIRAM JUNTOS E DAS MELHORES MÚSICAS QUE CANTARAM EM DUETO.

1. ______________________________

2. ______________________________

3. ______________________________

4. ______________________________

5. ______________________________

6. ______________________________

# ...e canções...

De preferência, preencham essa página ouvindo a música em questão.

1. 

2. 

3. 

4. 

5. 

6. 

# filmes para ver juntos.

... QUANDO SEU FILHO TIVER:

5 anos

10 anos

15 anos

20 anos

# músicas para ouvir juntos.

...QUANDO SEU FILHO TIVER:

5 anos

10 anos

15 anos

20 anos

# viagens

AS MELHORES VIAGENS QUE VOCÊS FIZERAM...
COLE AS FOTOS

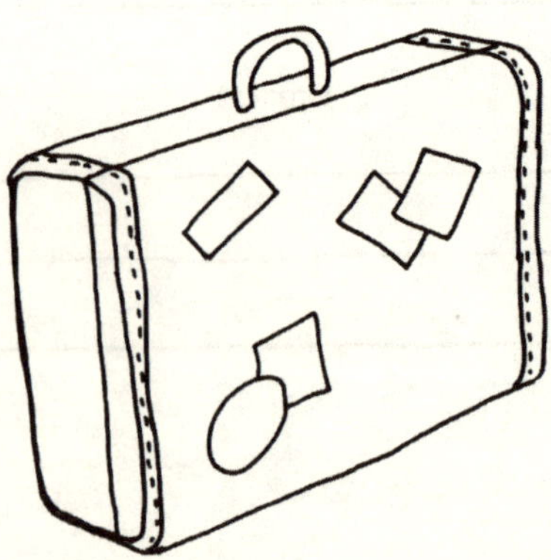

# ...e as que planejam fazer.

PRIMEIRO VOCÊ RELEMBRA,
DEPOIS SONHA E, POR FIM, PLANEJA.

1. ____________________________

2. ____________________________

3. ____________________________

4. ____________________________

5. ____________________________

6. ____________________________

# autorretrato

QUE TIPO DE MÃE VOCÊ É?

MILITAR: Tem hora pra tudo e ninguém escapa da rotina escrita na planilha Excel!

☐

DISTRAÍDA: "Ah, ele calçou um pé de cada tênis? Nem tinha percebido!"

☐

SUPERPROTETORA: "Você não esquece de dar um lanchinho pra ele entre 16h e 16h15?" (Para a mãe do melhor amigo, na quinta vez que o filho vai passar a tarde brincando lá.)

☐

GRUDINHO: "Ah, dormir fora, não... Não deixo, não... Não aguento de saudade!"

☐

AMIGA: Conversa com o(a) filho(a) como igual e gosta de propagandear que é a melhor amiga dele(a).

☐

OCUPADA: "Hã?"

☐

# esquisitices

O QUE EU ACHAVA MAIS ESQUISITO
NA MATERNIDADE
QUANDO NÃO TINHA FILHOS:

O QUE EU ACHO MAIS ESQUISITO
NA MATERNIDADE
AGORA QUE TENHO FILHOS:

# conversas

A MELHOR CONVERSA QUE EU TIVE SOBRE MATERNIDADE COM:

Minha mãe:

Minha avó:

Minha melhor amiga:

Meu filho/minha filha:

# palavrões

## DE ONDE VEIO ISSO?

Todo filho aparece de vez em quando
com alguma novidade que faz a gente pensar:
"Onde ele aprendeu isso?"

Um palavrão medonho, uma música chula,
uma atitude egoísta, uma
desconsideração atroz com um amigo.
Na hora atordoa, mas passa!

Você se lembra de algumas situações assim?

# admiração

MÃES QUE ADMIRO

1. 
2. 
3. 
4. 
5. 

## MÃES QUE ABOMINO

(Ok, aqui você pode não escrever nomes,
a não ser de figuras que já morreram
há muito tempo ou de personagens fictícios.
Mas pode usar as iniciais. Ou tentar um desenho.
E, claro, explicar para o seu filho por que elas
não merecem a sua admiração.)

1. ______

2. ______

3. ______

4. ______

5. ______

# complete as frases

A gente briga toda vez que...

A gente se abraça toda vez que...

A gente chora toda vez que...

A gente cai na gargalhada toda vez que...

A gente gosta quando o filho/a filha...

A gente odeia quando o filho/a filha...

A gente estava enganada quando...

A gente estava certa quando...

O que a gente mais gosta no filho/na filha é...

O que a gente mais detesta no filho/na filha é...

# toda vez que.

O QUE VOCÊ DIZ TODA VEZ QUE ELE SAI...

Com 5 anos

Com 10 anos

Com 15 anos

Com 20 anos

O QUE ELE DIZ TODA VEZ QUE VOCÊ SAI...

Com 5 anos

Com 10 anos

Com 15 anos

Com 20 anos

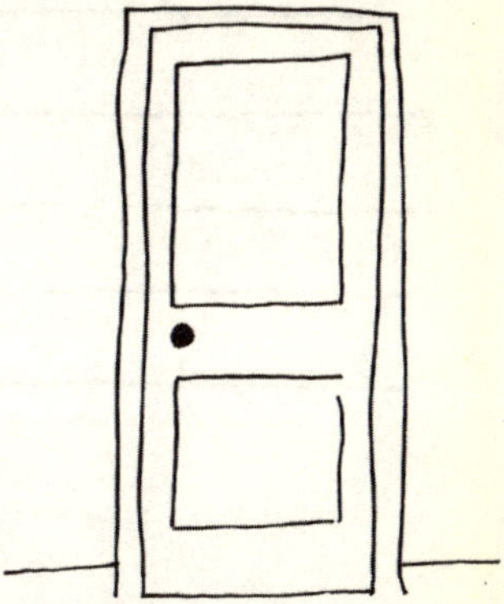

# pegue!

(PARTE 1, TIPO AGORA)

Mãe e filho têm uma simbiose tão profunda que o que um pega o outro pega também – quase sempre. Relembre aqui as coisas (nem sempre desejáveis) que vocês já partilharam. A gente começa dando algumas ideias:

Resfriado (toda hora)
Piolho
Catapora
Mania de preencher álbum de figurinha
Coleção da Polly
Obsessão por Lego
Playlist no smartphone
Outras...

# pegueí!

(PARTE 2, ANOS MAIS TARDE)

Aquelas coisas que você pegou,
mas talvez preferisse não ter pegado:

Camisinha na bolsa ou no bolso
(por outro lado, melhor assim; sinal de que
o filho/a filha está se protegendo);
Cigarro
Outras substâncias perigosas,
ilícitas, assustadoras...

E, para constar: o que você fez?

# bicho de estimação

TODA CRIANÇA PEDIU,
ESTÁ PEDINDO NESTE MOMENTO OU PEDIRÁ,
ALGUM DIA, UM BICHO DE ESTIMAÇÃO.
Já aconteceu com você?
Assinale qual foi a sua reação:

Foi a uma loja de animais e comprou um cachorro lindo e com pedigree;

☐

Foi a um centro de adoção de animais abandonados e levou para casa o vira-lata com mais cara de pidão que estava disponível;

☐

Arrumou um gato porque é mais independente e elegante;

☐

Disse às crianças que, se mais um ser vivo entrasse pela porta da casa, você sairia;

☐

Nenhuma das anteriores.

☐

Nesse caso, escreva o que você fez:

______________________________

______________________________

______________________________

Peça para o seu filho desenhar o mascote aqui, ó:
Se ele não quiser, cole uma foto.

# o que você vai ser quando você crescer?

TODO MUNDO JÁ TEVE OU
TERÁ ESSA CONVERSA COM O FILHO.

Qual é o sonho dele, por enquanto?
Pegue lápis de cor e desenhem juntos as profissões mais acalentadas por ele ou ela.

# o que você queria ser quando crescesse?

(MOMENTO AUTOAJUDA. SE NÃO ESTIVER NO ESTADO DE ESPÍRITO PARA ISSO, PULE ESTA PÁGINA E VOLTE DEPOIS. MAS VOLTE!)

Tire um minutinho para refletir sobre os seus sonhos, e em que medida se tornaram realidade. Você batalhou para concretizá-los? Foi difícil? Partilhe suas histórias com seu filho e mostre a ele a importância de não desistir do que mais queremos. Mesmo que a vida coloque um monte de barreiras no caminho!

# me dá mesada?

E JÁ QUE A PROFISSÃO DO FUTURO ENTROU NESTE LIVRO, E É COM TRABALHO QUE ELE GANHARÁ A VIDA NO FUTURO, QUE TAL FALAR DE DINHEIRO?

Seu filho recebe mesada?

○ SIM ○ NÃO

Se sim, qual é o valor? ______________

(coloque a data, para a posteridade)

O que ele faz com o que recebe?
Gasta? Com o quê?

Poupa? Para quê?

Peça pra ele desenhar aqui o objeto dos sonhos dele.

# conversa $éria

QUEM DISSE QUE DINHEIRO
NÃO É ASSUNTO PRA CRIANÇA?

Ensine a seu filho desde cedo o trabalho que dá para ganhar, a importância de gastar direito e o valor de poupar para realizar os sonhos dele.

Olha que graça essa historinha que a gente pescou no livro É da minha conta!, da organizadora de finanças pessoais Flávia Padoveze:

"Todo Natal e aniversário, meu avô me dava de presente alguma quantia para colocar na poupança que meu pai tinha feito para mim quando nasci. (...) Essa figura extraordinária abria o extrato do banco comigo todos os meses e me mostrava como meu dinheiro 'crescia' quando ficava no banco; eu achava aquilo maravilhoso.
E não é? Imagina só, uma criança de 10 anos vendo que a cada mês aquele dinheirinho que tinha guardado crescia só porque ele dormia lá (no banco) e não na minha carteira... Acho isso incrível até hoje."

Que tal abrir uma poupança hoje mesmo pra ele e começar essa caminhada para a prosperidade?

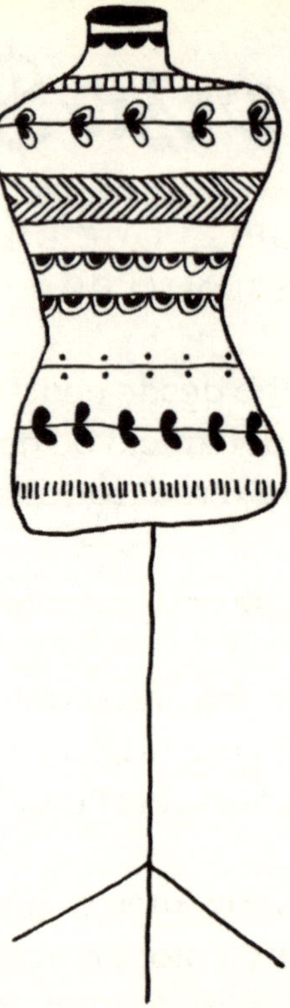

# com que roupa eu fui

E LEMBRA AQUELE DIA QUE VOCÊ ACORDOU SUPERATRASADA, SE VESTIU CORRENDO, DEU UMA CHECADA NO ESPELHO E ACHOU QUE ESTAVA TUDO CERTO?

Até que sua filha disse:
"Mããããeeee... Você vai sair assiiiiim? Só tô falando isso porque eu gosto muito de você!"

E seu filho disse: "Mããããeeee... Você está liiiiiinda e eu gosto taaaanto de você!"

Lembra o que você estava vestindo? Registre aqui o piti ou a risada que você deu. Ou se saiu bufando... levando a criatura pela manga.

## com que roupa ele foi?

VOCÊ JÁ ENFEITOU SEU FILHO NO MAIOR EXAGERO PARA UMA FESTA E LÁ DESCOBRIU QUE ELE MAL PODIA CORRER COM AQUELES SAPATOS APERTADOS?

Ou que aquela meia-calça branquinha teria que ir direto para o lixo, de tão encardida? Ou que vestido branco não combina com brigadeiro? Bom... bem-vinda ao clube! Relembre aqui seu maior mico e jure de pés juntos para o seu filho que nas próximas festas de criança ele irá com... roupa de criança! E, se for adolescente, ele deve ir com roupa de adolescente!

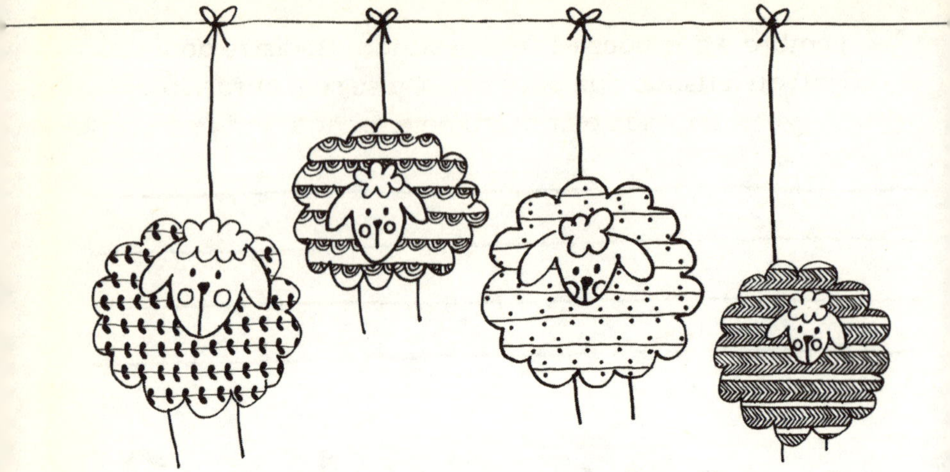

# hora de dormir

VOCÊ É O TIPO DE MÃE QUE:

- [ ] Fez o "Nana, nenê" passo a passo e foi feliz para sempre.
- [ ] Desistiu na primeira noite e está dormindo com o filho até hoje.
- [ ] Pegou a criança pelo colarinho do pijama e disse: "Volta já pra sua cama porque eu quero acordar amanhã com saudade de você."
- [ ] Dormia antes do filho, com livro na mão e abajur aceso, e se duvidar ainda pedia para o filho apagar a luz.
- [ ] Sono não é, nunca foi e nunca será um problema na sua família.

Registre as lembranças de suas noites mais memoráveis.

Convide seu filho para assistir a um nascer do sol com você.

# situações constrangedoras

E TEVE AQUELE DIA QUE...

A criança apontou para a senhora com sobrepeso no elevador e disparou um inocente "Por que você é tão gorda?" Toda mãe já passou por pelo menos uma dessas. Quais foram seus constrangimentos inesquecíveis?

1. ______________________________

2. ______________________________

3.

4.

5.

# uma noite sem internet

TODA FAMÍLIA PRECISA DESLIGAR O WI-FI
UMA VEZ NA VIDA. OU NA SEMANA.
OU DEPOIS DAS 21 HORAS. E SIMPLESMENTE...
CONVIVER. CONVERSAR. JOGAR.
AQUELES JOGOS DE TABULEIRO, SABE?

Inspiração:

* Xadrez (eterno, dispensa comentários).

* Ludo (ele mesmo, o bom e velho).

* Banco Imobiliário (envelhece sem perder o charme capitalista).

* Perfil (um quiz divertido pra fazer em grupos de no mínimo 3 pessoas).

* Uma divertida sessão de mímica com filmes que todos conheçam.

* Ou quem sabe um quebra-cabeças?

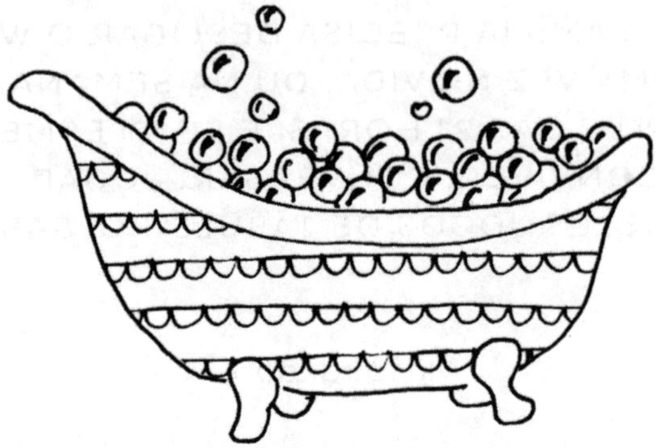

# descompressão

QUANDO A SITUAÇÃO APERTA, TODA MÃE SENSATA TEM NA CARTOLA ALGUNS RECURSOS DE DESCOMPRESSÃO (É MELHOR SEU FILHO SABER ISSO AGORA, E POR VOCÊ).

Se você nunca pensou nisso, precisa de socorro urgente!
Olha só as nossas ideias:

* Se trancar no banheiro com um sabonete líquido caro para tomar um banho direito (desses de passar xampu duas vezes, esfregar a orelha, fazer um spa nos pés...).

* Usar a desculpa de uma reunião de trabalho até tarde para fazer um happy hour com uma amiga (planeje direito e vá de táxi nesse dia; não esqueça de avisar que a reunião foi desmarcada na última hora e que você aproveitou o "alvará" para encontrar a amiga).

* Simplesmente entrar no carro, fechar bem os vidros e gritar aquilo que você anda louca de vontade de dizer para todo mundo, filho, marido, mãe, sogra, chefe (e até pra você mesma...), mas (ainda) não teve coragem.

# descompressão

PARTE 2

HORA DE EXPLICAR QUE MAMÃE
E PAPAI TAMBÉM PRECISAM DE
UM MOMENTO DE ROMANCE,
E QUE ISSO É BOM PRA TODO MUNDO
– INCLUSIVE PARA OS FILHOS!

PRECISANDO DE INSPIRAÇÃO?

Aqui vão algumas ideias de momento casal testadas e aprovadas:

* Acordar uma hora mais cedo para tomar café da manhã só com o marido e antes da criançada, com direito a passar os olhos no jornal para ficar (mais ou menos) por dentro do que está acontecendo no mundo.

* Ter uma caixa da bagunça para jogar/esconder os vestígios da criançada espalhados durante o dia e recuperar pelo menos o território da TV para ver um filme de gente grande, em um ambiente (mais ou menos) civilizado.

* Escapar para um lugar secreto dos dois (pode ser uma manhã no parque, uma tarde no motel ou um bate-e-volta para a praia num sábado) uma vez a cada... dois, três, seis meses ou o que der (o importante é a cumplicidade no planejamento da "travessura").

Transforme os seus truques em herança (podem ser úteis para filhos e filhas no futuro, quando forem pais e mães!) anotando-os aqui. Lembre-se de contar como, quando ou para quê lançou mão de cada um.

# escolhas

UM DIA ELE VAI DIZER
PRA VOCÊ QUE QUER FAZER:

* Dread ou
* Piercing ou
* Tatuagem.

Se você não estiver muito confortável, façam juntos uma pesquisa sobre cada intervenção. Com sorte, ele chegará sozinho à "melhor decisão". rs

Colem aqui algumas fotos de vocês dois
e desenhem o dread, o piercing e/ou a tatuagem
para verem como ficam. (Com um pouco de sorte,
talvez a criatura desista...)

# seu melhor

VOCÊ FOI UMA MÃE MELHOR:

de bebê

○

de criança

○

de adolescente

○

de adulto

○

(Se ainda não deu tempo de ser tudo isso, faça suas apostas.)

# segredo

"VOU TE CONTAR UM SEGREDO..."

Escreva aqui uma revelação,
algo que você não gostaria que seu filho
soubesse sobre você. Então:

Você arranca a página, dobra, coloca num envelope (isso mesmo, uma coisa bem antiguinha!) e diz que é para ele abrir só depois que você tiver morrido.

☐

Você arranca a página e dá para ele ler. Porém, antes, combinam que nunca mais voltarão àquele assunto. E os dois têm que cumprir.

☐

Você arranca a página, põe fogo nela e espera até que só restem cinzas. Então, promete a si mesma que nunca mais pensará no assunto e fecha esse capítulo da sua vida.

☐

# testamento

O QUE EU TENHO DE MELHOR
PRA COMPARTILHAR
COM ALGUÉM QUE QUER SER MÃE.

E DE PIOR.

# bola de cristal

COMO EU **ME** VIA/VEJO QUANDO
MEU FILHO TINHA/TIVER:

5 anos

10 anos

15 anos

20 anos

25 anos

...

nada foi como antes...

...foi muito melhor!

NÃO TEM FIM...

Nas páginas a seguir,
cole fotos marcantes da sua história como mãe.
Se preferir, escreva memórias de grandes
momentos e guarde para a posteridade.
Ou bilhetinhos de amor para seu filho, seu marido,
seu enteado, sua mãe.

# Agradecimentos

Para minha mãe Lilia, meu pai Julián e meus irmãos Rodrigo e Paula, pelas nossas lembranças de família. Para meus sogros Carmen e Mario, que são avós de livro de histórias. Para Creusa e para minhas amigas mães e tias, que tanto me ensinam. Para a filharada, que me renova todos os dias. E, sobretudo, para Alexandre, pela aventura da nossa vida.

– ANA ASTIZ

Para meus filhos, Júlia e Rodrigo, que me ensinaram a gostar de ser mãe. Para meus pais, Marta e Valter, que me ensinaram a gostar de ser filha. Para Rosanne, pelas lições de coragem. Para Fabrício, por cada um dos dias que vivemos e viveremos.

– SIBELLE PEDRAL

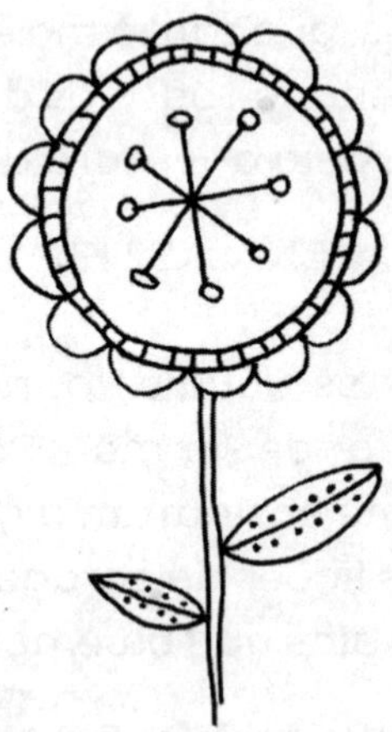

*1ª EDIÇÃO* ABRIL DE 2015
*PAPEL DE MIOLO* PÓLEN BOLD 70G/M²
*PAPEL DE CAPA* CARTÃO SUPREMO 250G/M²
*TIPOGRAFIAS* PLUTO E WANDERLUST
*GRÁFICA* CROMOSETE